Tavola di con

INTRODUZIONE 9

CECI ARROSTITI A SECCO 14

PATATE ROSSE ARROSTITE 15

PATATE RIPIENE 16

CAVOLO ARROSTITO 17

ARACHIDI TOSTATE 18

CAVOLFIORE ARROSTO 19

CASTAGNE ARROSTITE 20

MAC AND CHEESE A COTTURA LENTA 21

CASSERUOLA PER LA COLAZIONE 24

TOAST ALLA FRANCESE 25

FARINA D'AVENA AI LAMPONI 26

COLAZIONE A BASE DI UOVA E POMODORO 28

FRITTATA DI PANCETTA E HOT DOG 29

OMELETTE ALLA SALSICCIA 30

FRITTATA DI PEPERONI 31

FRITTELLE DI ZUCCHINE 33

POLLO ALLA CITRONELLA 36

SALSA DI POLLO 37

POLLO E PATATE 38

SANDWICH DI POLLO 39

POLLO MAROCCHINO 40

POLLO ALLA CACCIATORA 42

ALI DI POLLO AL BARBECUE AL MIELE 43

POLLO DOLCE E PICCANTE 44

BISTECCA CON TAPENADE DI OLIVE 47

INSALATA DI BISTECCA 48

POLPETTE 49

ENCHILADA DI MANZO 50

COSTATA DI MANZO 51

TERIYAKI DI MANZO 52

STRACCETTI ALLA NEWYORKESE 53

Friggitrice senza olio

Ricette facili e veloci da preparare

by Gianna Nardini

Copyright 2021 por Gianna Nardini

Todos los derechos son reservados.
El siguiente Libro se reproduce a continuación con el objetivo de proporcionar información lo más precisa y fiable posible. Sin embargo, la compra de este libro puede considerarse como un consentimiento al hecho de que tanto el editor como el autor de este libro no son de ninguna manera expertos en los temas discutidos en el mismo y que cualquier recomendación o sugerencia que se hace aquí es sólo para fines de entretenimiento. Se debe consultar a los profesionales que sean necesarios antes de emprender cualquiera de las acciones que aquí se respaldan.

Esta declaración es considerada justa y válida por el Colegio de Abogados de Estados Unidos y el Comité de la Asociación de Editores y es legalmente vinculante en todo Estados Unidos.

Además, la transmisión, duplicación o reproducción de cualquiera de los siguientes trabajos, incluida la información específica, se considerará un acto ilegal, independientemente de si se realiza de forma electrónica o impresa. Esto se extiende a la creación de una copia secundaria o terciaria de la obra o de una copia grabada y sólo se permite con el consentimiento expreso por escrito de la Editorial. Todos los derechos adicionales están reservados.

La información contenida en las siguientes páginas se considera, en general, una exposición veraz y exacta de los hechos y, como tal, cualquier desatención, uso o mal uso de la información en cuestión por parte del lector hará que cualquier acción resultante sea de su exclusiva responsabilidad. No existe ningún supuesto en el que el editor o el autor original de esta obra puedan ser considerados de alguna manera responsables de los perjuicios o daños que puedan sufrir después de emprender la información aquí descrita.
Además, la información contenida en las siguientes páginas está destinada únicamente a fines informativos y, por lo tanto, debe considerarse universal.
Como corresponde a su naturaleza, se presenta sin asegurar su validez prolongada o su calidad provisional. Las marcas comerciales que se mencionan se hacen sin el consentimiento por escrito y no pueden considerarse en modo alguno como un respaldo del titular de la marca.

BISTECCA	54
POLPETTONE	55
LECHON KAWALI	58
COTOLETTA DI LONZA DI MAIALE AL LIMONE	59
SPIEDINI DI MAIALE E VERDURE ALLA PAPRIKA AFFUMICATA	61
SPIEDINI DI MAIALE, PEPERONE E ANANAS	62
GAMBERETTI	65
SALMONE ALLE ERBE	67
TORTE DI SALMONE	68
SALMONE CON CAROTE	69
ZUCCHINE AL PARMIGIANO FRITTE ALL'ARIA	72
BROCCOLI RAPINO ARROSTO	73
AGLIO ARROSTO	74
COTOLETTE DI MELANZANE	75
CERA DI FAGIOLI AL LIMONE	78
CAVOLETTI DI BRUXELLES CON POMODORI	79
MUESLI ALLE NOCI PECAN CON SCIROPPO D'ACERO	80

BROCCOLI CON SALSA 81

BROWNIES AL BURRO DI CACAO 84

COPPE PER PANCAKE ALLA VANIGLIA 85

MELE AL FORNO CON NOCI PECAN 87

FOCACCINE AL BURRO DI UVETTA 88

CONCLUSIONE 91

Introduzione

Hai una friggitrice ad aria, ma non la stai sfruttando al meglio?
Potresti pensare che ci voglia troppo tempo ed energia per cucinare polli interi o arrosti di carne nella tua friggitrice ad aria preferita.

Forse dovremmo conoscere meglio questo gioiello e usarlo di più, secondo te?
Le friggitrici ad aria fanno circolare l'aria calda intorno al cibo e cuoce quasi magicamente. Le friggitrici ad aria sono elettrodomestici da cucina che consentono di cuocere il cibo facendo circolare aria calda. Questo elimina la necessità di olio o burro, eliminando completamente grassi e calorie dalla cucina.

Questo libro di cucina ha tutto il necessario per iniziare a preparare una varietà di ricette utilizzando la tua friggitrice ad aria preferita per una varietà di pasti. Impara a cucinare con esso e, quando hai finito, dovresti avere un nuovo apprezzamento per il potere della frittura ad aria.
In questo libro viene citato come modello di riferimento il modello di friggitrice POWER XL GRILL AIR FRYER, ma tutte le sue ricette sono riproducibili con qualsiasi modello tu abbia.

Cosa rende diverso questo libro di cucina?
Questo libro di cucina non è uno di quei libri di cucina generici che qualsiasi libro di cucina può scrivere. Questa è una guida completa per aiutarti a capire la frittura ad aria e

fornirti una varietà di ricette per iniziare il tuo viaggio verso un'alimentazione più sana.

Non importa se sei un principiante o un maestro della frittura ad aria. Questo libro ha qualcosa per tutti. Aiutandoti a capire le basi e con i consigli di cucina dei migliori chef e ristoranti, questa è la guida alle ricette definitiva per i proprietari di friggitrici ad aria.

Vantaggio
La FRIGGITRICE AD ARIA presenta diversi vantaggi rispetto alle friggitrici tradizionali:
• Non è necessario aggiungere olio durante la cottura o la pre-doratura degli alimenti. Basta tagliare il cibo nella dimensione desiderata, metterlo in un cesto o in un piatto e cuocerlo. Il tuo cibo sarà pronto in pochi minuti!
• Puoi cucinare un intero pasto senza aggiungere olio o rosolarlo. In questo modo puoi gustare pasti deliziosi con il suo succo naturale e le sue sostanze nutritive.
• Non è necessario preriscaldare. Basta aggiungere il cibo, impostare il livello di potenza e il timer e sei pronto per iniziare a cucinare!

Panoramica della FRIGGITRICE AD ARIA:

• La GRIGLIA FRIGGITRICE AD ARIA è progettata per cuocere qualsiasi tipo di cibo, inclusi pollo, pesce, patate, verdure, ecc.
• Posiziona semplicemente il cibo nel cestello o nel piatto, seleziona il livello di potenza e il timer e lascia cuocere!
• 1680 watt di potenza generano calore uniforme e cuociono che consentono di preparare un pasto delizioso senza olio aggiunto

Il rivestimento antiaderente consente una facile pulizia dopo l'uso. Basta pulire con un panno caldo e umido o risciacquare con acqua. Non rimarranno residui di grasso!

La friggitrice ad aria ha una funzione di sicurezza di protezione da sovraccarico per evitare che l'apparecchio si surriscaldi e si danneggi.
Qui abbiamo elencato alcuni dei punti salienti di questo fantastico libro di cucina:

- Verranno approfondite le esigenze dietetiche di coloro che sono vegetariani o vegani. Ci saranno ricette per tutti.
- Avrai ricette per cose come ali di pollo, petto di pollo, braciole di maiale, bistecche, filetti di pesce, capesante, verdure e molto altro.
- Imparerai a cucinare con i segreti della friggitrice ad aria da alcuni dei migliori chef e ristoranti del paese. Queste ricette sono così buone che vorrai tenerle tutte per te.

Fortunatamente, non ci saranno problemi con questi poiché sono tutti stampati in questo libro di cucina affinché chiunque possa utilizzarli. Puoi persino modificare alcuni degli ingredienti in base alle tue preferenze e alle tue esigenze dietetiche.

Con così tanti contenuti, questo libro di cucina è come nessun altro che tu abbia mai letto. Siamo certi che adorerai le ricette e che sarai in grado di ottenere di più dalla tua friggitrice ad aria che mai.

Ceci arrostiti a secco

Tempo di preparazione: 9 minuti
Tempo di cottura: 54 minuti
Porzione: 4

Ingredienti
- 425 gr. di ceci in scatola
- 2 cucchiai di olio d'oliva
- 1/4 cucchiaio sale
- 1 pizzico di pepe nero

Indicazioni:
1. Distribuire i ceci su una pirofila e asciugarli tamponandoli con carta assorbente.
2. Posizionare la teglia sulla griglia per pizza della Friggitrice ad aria Air Fryer e
selezionare l'impostazione di cottura. Imposta la temperatura a 220°C per 22 minuti.
Premere inizia.
3. Mescolare i ceci con olio, sale e pepe, quindi riporli nella teglia.
4. Continuare a cuocere per altri 22 minuti.

Valori nutrizionali: Calorie: 105 Grassi: 3,2 g Proteine: 3,5 g

Patate rosse arrostite

Tempo di preparazione: 20 minuti
Tempo di cottura: 60 minuti
Porzione: 6

Ingredienti
- 60 g di olio d'oliva
- 900 g di patate
- 5 timo fresco
- 1 pizzico di sale
- 1 pizzico di pepe di Caienna
- 1/2 peperone rosso dolce

Indicazioni
1. Versare l'olio su una pirofila e adagiarvi le patate. Lascia le patate fino a quando non sono ben ricoperte.
2. Cospargere con timo, sale, pepe e peperone.
3. Posizionare la teglia sulla griglia per pizza della Friggitrice ad aria Air Fryer e selezionare l'impostazione di cottura. Imposta la temperatura a 200°C per 30 minuti. Premi l'inizio.
4. Quando il ciclo di cottura è completo, lanciare le patate per girarle. Cuocere per altri 20 minuti. 5. Gira le patate ancora una volta, quindi inforna per altri 15 minuti o finché non diventano dorate. 6. Mescola ancora una volta e aggiusta i condimenti. Trasferisci in una ciotola e servi.

Valori nutrizionali: Calorie: 190 Grassi: 9,3 g Proteine: 3 g

Patate ripiene

Tempo di preparazione: 19 minuti
Tempo di cottura: 44 minuti
Porzione: 6

Ingredienti
- 3 patate ruggine
- 2 cucchiai di olio vegetale
- Sale e pepe macinato
- 3 cucchiai di burro
- 4 rametti di timo
- 120 ml di brodo di pollo

Indicazioni
1. Tagliare le estremità delle patate e sbucciarle dall'alto verso il basso per renderle dei cilindri, devi ottenere 6 cilindri.
2. Lavare le patate in una ciotola d'acqua per eliminare l'amido. Asciugare con un tovagliolo di carta.
3. Cuocere le patate nell'olio in una padella adatta al forno a fuoco medio finché non sono ben dorate. Condire le patate con sale e pepe.
4. Con un tovagliolo di carta tenuto con delle pinze per asciugare l'olio dalle patate dalla padella.
5. Aggiungere il burro e il timo nella padella. Spargi il burro sulla patata usando il rametto di timo. Cuocere fino a quando il burro si forma e assume un colore marrone chiaro.
6. Condite con sale e pepe se volete e aggiungete il brodo di pollo.
7. Trasferire la padella nella friggitrice ad aria Air Fryer e posizionarla sulla griglia per pizza.
8. Selezionare l'impostazione di arrosto. Imposta la temperatura a 220°C per 30 minuti. Premi l'inizio.
9. Se le patate sono tenere, aggiungere altro brodo di pollo e cuocere per altri 10 minuti. Serviteli con il burro rimasto nella padella.

Valori nutrizionali: Calorie: 239 Grassi: 11 g Proteine: 4 g

Cavolo arrostito

Tempo di preparazione: 18 minuti
Tempo di cottura: 24 minuti
Porzione: 4

Ingredienti
- 2 cucchiai di olio d'oliva
- 1/2 testa di cavolo cappuccino
- 1 pizzico di aglio in polvere
- 1 pizzico di peperoncino a scaglia
- 1 pizzico di sale
- Il succo di 2 limoni

Indicazioni
1. Prendere metà del cavolo cappuccio e spennellare ogni spicchio con olio d'oliva.
2. Spennellare l'olio d'oliva sul cavolo, quindi cospargere di aglio in polvere, fiocchi di pepe, sale e pepe.
3. Adagiare la verza sulla teglia e adagiarla sul vano per pizza nella posizione 2.
4. Selezionare l'impostazione di arrosto sulla friggitrice ad aria Air Fryer e impostare la temperatura a 230°C per 15 minuti. Premi l'inizio.
5. Spremere il limone sul cavolo e servire.

Valori nutrizionali: Calorie: 99 Grassi: 7 g Proteine: 2 g

Arachidi tostate

Tempo di preparazione: 9 minuti
Tempo di cottura: 62 minuti
Porzione: 8

Ingredienti
• 450 g di arachidi

Indicazioni
1. Disporre le arachidi in una teglia e posizionare la teglia sulla griglia per pizza in posizione 2.
2. Selezionare l'impostazione di arrosto sulla friggitrice ad aria Air Fryer e impostare la temperatura a 260°C per 1 ora. Premi l'inizio.
3. Servire le arachidi calde.

Valori nutrizionali: Calorie: 321 Grassi: 28 g Proteine: 15 g

Cavolfiore arrosto

Tempo di preparazione: 9 minuti
Tempo di cottura: 54 minuti
Porzione: 8

Ingredienti
- 60 g di burro salato
- 1 cucchiaio di aneto erbaccia
- 1 spicchio d'aglio
- 1 cucchiaio di scorza di limone
- 1/2 cucchiaio di cumino
- 1/4 cucchiaio di sale
- 1/4 cucchiaio di pepe nero
- 1 testa di cavolfiore

Indicazioni
1. Mescolare burro, aneto, spicchio d'aglio, scorza di limone, cumino, sale e pepe.
2. Taglia la testa di cavolfiore in modo che si trovi in posizione verticale sulla teglia. Spalmare il composto di burro e coprire la pirofila con la carta stagnola.
3. Posizionare la teglia sulla griglia da Friggitrice ad aria Air Fryer.
4. Selezionare l'impostazione di arrosto. Imposta la temperatura a 170°C per 1 ora e 15 minuti. Premi l'inizio.
5. Servire il cavolfiore con il succo.

Valori nutrizionali: Calorie: 77 Grassi: 6 g Proteine: 3 g

Castagne arrostite

Tempo di preparazione: 19 minuti
Tempo di cottura: 34 minuti
Porzione: 8

Ingredienti
- 1 kg. di castagne
- 60 g di burro salato
- Sale
- Un pizzico di cannella macinata

Indicazioni
1. Fai una croce su ciascun lato della castagna e assicurati che non si spezzi. 2. Posizionare le castagne su una teglia e posizionare la pirofila sulla griglia per pizza della Friggitrice ad aria Air Fryer.
3. Selezionare l'impostazione di arrosto. Imposta la temperatura a 190°C per 30 minuti. Premi l'inizio.
4. Al termine del ciclo di cottura, mettere le castagne in una padella con il burro e far rosolare a fuoco vivo.
5. Mettere la padella nel forno e arrostire fino a quando le castagne non saranno dorate. Cospargere di sale e cannella quindi servire.

Valori nutrizionali: Calorie: 217 Grassi: 9 g Proteine: 1 g

Mac and Cheese a cottura lenta

Tempo di preparazione: 29 minuti
Tempo di cottura: 2 ore e mezza
Porzione: 8

Ingredienti
- 500 gr di fontina grattugiata
- 250 gr di provolone grattugiato
- 250 gr di Parmigiano Reggiano grattugiato
- 3 cucchiai di burro
- 340 gr. di pasta ditalini
- 240 ml di latte
- 226 g di latte condensato
- 1 cucchiaio di sale
- 1/2 cucchiaio di pepe nero macinato
- 2 cucchiai di prezzemolo tritato
- 120 g di pangrattato panko

Indicazioni
1. In una terrina, mescola tutto il formaggio. Mettere da parte 120 g della miscela di formaggio.
2. Ungere la pirofila con il burro. Aggiungere il burro, la pasta, il composto di formaggio, il latte, il latte condensato, il sale e il pepe.
3. Spalmare sopra il prezzemolo, quindi aggiungere il composto di formaggio riservato e infine il pangrattato.
4. Posizionare la pirofila sulla griglia per pizza sul ripiano 6 della Friggitrice ad aria Air Fryer.
5. Selezionare l'impostazione di cottura lenta. Impostare la temperatura a 135°C per 3 ore. Premi l'inizio.
6. Servire e gustare.

Valori nutrizionali: Calorie: 165 Grassi: 2,4 g Proteine: 4 g

Casseruola per la colazione

Tempo di preparazione: 16 minuti
Tempo di cottura: 25 minuti
Porzione: 4
Ingredienti:
- 3 cucchiai di zucchero di canna
- 120 g di farina
- 1/2 cucchiaino di polvere di cannella
- 4 cucchiai di margarina
- 2 cucchiai di zucchero semolato

Per la casseruola
- 2 uova
- 1 / 2 cucchiai di farina bianca
- 1 cucchiaino di lievito in polvere
- 1 cucchiaino di bicarbonato di sodio
- 2 cucchiai di zucchero
- 4 cucchiai di margarina
- 120 ml di latte
- 80 g di mirtilli
- 1 cucchiaio di scorza di limone

Indicazioni
1. Preriscaldare la Friggitrice ad aria Air Fryer selezionando la modalità pizza / cuocere.
2. Regolare la temperatura a 150° C
3. In una ciotola, mescolare gli ingredienti della casseruola, quindi versarli nella teglia della Friggitrice ad aria Air Fryer.
4. In una ciotola separata, mescolare lo zucchero bianco con la farina, la margarina, lo zucchero bianco e la cannella.
5. Mescolare fino a ottenere un composto friabile spalmato sul composto di mirtilli.
6. Trasferire nella Friggitrice ad aria Air Fryer e cuocere per 30 minuti

Valori nutrizionali: Calorie: 101 Grassi: 9,4 g Proteine: 7 g

Toast alla francese

Tempo di preparazione: 9 minuti
Tempo di cottura: 10 minuti
Porzione: 4

Ingredienti:
- 2 fette di pane
- 1 cucchiaino di estratto di vaniglia
- 3 uova
- 1 cucchiaio di margarina

Indicazioni
1. Preriscaldare la Friggitrice ad aria Air Fryer impostandolo sulla modalità toast / pizza.
2. Regolare la temperatura a 190° C; inserire la teglia per pizza.
3. In una ciotola, sbattere le uova e la vaniglia
4. Spalmare la margarina sul pane, trasferitela nell'uovo e lasciate in ammollo
5. Posizionare sulla griglia per pizza della Friggitrice ad aria Air Fryer e impostare il timer su 6 minuti, girare dopo 3 minuti.

Valori nutrizionali: Calorie: 99 Grassi: 0,2 g Proteine: 5 g

Farina d'avena ai lamponi

Tempo di preparazione: 11 minuti
Tempo di cottura: 30 minuti
Porzione: 4

Ingredienti:
- 240 g di cocco grattugiato
- 2 cucchiaini di Stevia
- 1 cucchiaino di polvere di cannella
- 480 ml di latte di mandorla
- 120 g di lamponi

Indicazioni
1. Mescolare tutti gli ingredienti in una ciotola
2. Versare nella padella della friggitrice ad aria
3. Trasferimento nella Friggitrice ad aria Air Fryer
4. Selezionare tramite la manopola la modalità di cottura forno / pizza
5. Regolare la temperatura a 180 ° C.
6. Cuocere per 15 minuti 7. Servire e gustare

Valori nutrizionali: Calorie: 172 Grassi: 5 g Proteine: 6 g

Colazione a base di uova e pomodoro

Tempo di preparazione: 9 minuti
Tempo di cottura: 20 minuti
Porzione: 4

Ingredienti:
- Sale e pepe a piacere
- 2 uova
- 2 pomodori grandi

Indicazioni
1. Preriscaldare la friggitrice ad aria selezionando la modalità di cottura / pizza.
2. Regolare la temperatura a 190 ° C
3. Affettare le cime dei pomodori, aggiungere i semi e la polpa con un cucchiaio.
4. Rompere l'uovo in ogni pomodoro, trasferire nella Friggitrice ad aria Air Fryer
5. Cuocere per 24 minuti
6. Servire e gustare

Valori nutrizionali: Calorie: 95 Grassi: 5 g Proteine: 7 g

Frittata di pancetta e hot dog

Tempo di preparazione: 9 minuti
Tempo di cottura: 16 minuti
Porzione: 2

Ingredienti:
- 1 pancetta tritata
- 1/4 cucchiaino. di rosmarino secco
- 2 hot dog tritati
- 1/2 cucchiaino di prezzemolo secco
- 2 cipolle piccole di tritate

Indicazioni:
1. In una ciotola, rompere l'uovo.
2. Aggiungere gli altri ingredienti e mescolare, versare nella teglia della friggitrice ad aria
3. Preriscaldare la Friggitrice ad aria Air Fryer selezionando Air fry
4. Regolare la temperatura a 160° C
5. Impostare il tempo su 5 minuti
6. Apri la portella e disponi la teglia
7. Friggere all'aria per 10 minuti
8. Servire e gustare

Valori nutrizionali: Calorie: 185 Grassi: 10,5 g Proteine: 15 g

Omelette alla salsiccia

Tempo di preparazione: 7 minuti
Tempo di cottura: 23 minuti
Porzione: 2

Ingredienti:
- 2 salsicce tritate
- 1 cipolla gialla
- 1 fetta di pancetta
- 4 uova

Indicazioni
1. Preriscaldare la Friggitrice ad aria Air Fryer selezionando la modalità di frittura ad aria
2. Regolare la temperatura a 160 ° C e il tempo a 5 minuti
3. In una ciotola, mescolate tutti gli ingredienti.
4. Versare nella teglia della friggitrice ad aria
5. Trasferire nella Friggitrice ad aria Air Fryer
6. Friggere ad aria per 10 minuti
7. Servire e gustare!

Valori nutrizionali: Calorie: 156 Grassi: 21 g Proteine: 17 g

Frittata di peperoni

Tempo di preparazione: 6 minuti
Tempo di cottura: 23 minuti
Porzione: 2

Ingredienti:
- 2 cucchiai di latte
- 4 uova
- 10 fette di peperoni
- Sale e pepe nero macinato a piacere

Indicazioni
1. Preriscaldare la Friggitrice ad aria Air Fryer selezionando la modalità di frittura ad aria
2. Regolare la temperatura a 170 ° C e il tempo a 5 minuti
3. In una ciotola, mescolate tutti gli ingredienti.
4. Versare nella teglia della friggitrice ad aria
5. Trasferire nella Friggitrice ad aria Air Fryer
6. Friggere all'aria per 12 minuti
7. Servire e gustare!

Valori nutrizionali: calorie 69 Grassi: 28 g Proteine: 11 g

Frittelle Di Zucchine

Tempo di preparazione: 9 minuti
Tempo di cottura: 20 minuti
Porzione: 4

Ingredienti:
- 280 gr di zucchine
- 200 gr di formaggio Halloumi
- 2 uova
- 60 g di farina per tutti gli usi
- 1 cucchiaino. aneto essiccato
- Sale e pepe nero q.b.

Indicazioni
1. Preriscaldare la Friggitrice ad aria Air Fryer selezionando la modalità cottura / pizza
2. Regolare la temperatura a 180 ° C e il tempo a 5 minuti
3. In una ciotola, mescolare tutti gli ingredienti.
4. Preparare delle piccole frittelle dal composto
5. Posizionarle sulla teglia della friggitrice ad aria
6. Trasferire nella Friggitrice ad aria Air Fryer
7. Cuocere per 7 minuti
8. Servire e gustare!

Valori nutrizionali: Calorie: 170 Grassi: 15 g Proteine: 12 g

RICETTE DI POLLAME

Pollo alla citronella

Tempo di preparazione: 19 minuti
Tempo di cottura: 66 minuti
Porzione: 5

Ingredienti:
- 4 spicchi d'aglio (pressati)
- 2 cucchiai di salsa di pesce
- 1 mazzetto di citronella (fondo rimosso e rifilato)
- 3 cucchiai di nettare di cocco
- 2 cm e mezzo di radice di zenzero (sbucciata e tritata)
- 240 ml di latte di cocco
- 1 cucchiaino di cinque spezie cinesi in polvere
- 1 cucchiaino di burro
- 1 cipolla (tritata)
- 1 cucchiaio di succo di lime
- Sale e pepe nero macinato, q.b.
- 60 g di coriandolo, tagliato a dadini

Indicazioni

1. In un robot da cucina, aggiungere la citronella, lo zenzero, l'aglio, gli aminoacidi, la salsa di pesce, le cinque spezie in polvere e il latte di cocco. Frullare fino a renderla morbida. Mettere da parte.
2. Impostare la pentola a pressione della Friggitrice ad aria Air Fryer e la friggitrice ad aria in modalità Sauté. Sciogliere il burro, aggiungere le cipolle e cuocere per 5 minuti o finché diventano tenere. Mescolare il pollo, condire bene e cuocere per 1 minuto.
3. Aggiungere la miscela di citronella, coprire con il coperchio a pressione e regolare la modalità Pollame a pressione (breve) e cuocere per 10 minuti.
4. Rilasciare la pressione, scoprire il coperchio, incorporare il succo di limone e servire.

Valori nutrizionali: Calorie: 400 Grassi: 18 g Proteine: 20 g

Salsa di pollo

Tempo di preparazione: 45 minuti
Tempo di cottura: 60 minuti
Porzione: 5

Ingredienti:
- 450 gr di petto di pollo, senza pelle e disossato
- 1 confezione di miscela di condimento per taco
- 120 ml di brodo di pollo
- 240 ml di salsa
- Sale e pepe nero macinato, q.b.
- Origano secco

Indicazioni
1. Condire il pollo con sale e pepe. Mettere nella pentola a pressione della Friggitrice ad aria Air Fryer.
2. Aggiungere la miscela di condimento per taco, la salsa, l'origano e il brodo e mescolare.
3. Impostare la modalità Pollame a pressione (media) e cuocere per 30 minuti.
4. Trasferire il pollo in una ciotola e tagliarlo a pezzi usando una forchetta.
5. Servire e gustare.

Valori nutrizionali: Calorie: 290 Grassi: 3 g Proteine: 45 g

Pollo e patate

Tempo di preparazione: 15 minuti
Tempo di cottura: 16 minuti
Porzione: 4

Ingredienti:
- 900 gr di cosce di pollo senza pelle e disossate
- 900 gr. di patate rosse, sbucciate e tagliate in quarti
- 2 cucchiai di olio extravergine d'oliva
- 180 ml di brodo di pollo
- 3 cucchiai di senape di Digione
- 60 ml di succo di limone
- 1/2 cucchiaino di sale
- 1/2 cucchiaino di pepe
- 2 cucchiai di condimento italiano
- 3 cucchiai di parmigiano (grattugiato)

Indicazioni
1. Condire il pollo con sale e pepe.
2. Impostare la pentola a pressione della Friggitrice ad aria Air Fryer in modalità Sauté. Scaldare l'olio, aggiungere il pollo e cuocere per 2 minuti.
3. In una ciotola, aggiungere il brodo, la senape, la salsa italiana e il succo di limone e mescolare accuratamente.
4. Versare il composto sul pollo, aggiungere le patate e mescolare.
5. Impostare la pentola a pressione della Friggitrice ad aria Air Fryer sulla modalità pollame a pressione (breve) e cuocere per 10 minuti.
6. Rilasciare la pressione, scoprire la pentola, mescolare il pollo, dividerlo tra i piatti e servire.

Valori nutrizionali: Calorie: 220 Grassi: 6 g Proteine: 20 g

Sandwich di Pollo

Tempo di preparazione: 9 minuti
Tempo di cottura: 26 minuti
Porzione: 8

Ingredienti:
- 6 petti di pollo, senza pelle e disossati
- 120 ml di ketchup
- 3 spicchi d'aglio (pressati)
- Panino per hamburger
- 1/2 cucchiaino di aglio in polvere
- 1/2 cucchiaino di cipolla in polvere
- 1/2 cucchiaio di aceto
- 1 cucchiaio di zucchero di canna
- 1 cucchiaino di sale
- 1/2 cucchiaino di pepe nero
- 1 cucchiaio di salsa Worcestershire
- 1/2 cucchiaino di paprika affumicata
- 240 ml d'acqua

Indicazioni
1. In una ciotola, aggiungere il sale, il pepe, lo zucchero di canna, la cipolla in polvere, l'aglio in polvere, la paprika affumicata e mescolare. Aggiungere il pollo e marinare nella miscela.
2. Nella pentola a pressione della Friggitrice ad aria Air Fryer, aggiungere l'acqua, l'aceto, l'aglio e la salsa Worcestershire.
3. Posizionare la griglia, aggiungere il pollo e coprire. Impostare la modalità di cottura su Vapore e lasciare e impostare il timer per 12 minuti.
4. Rilasciare la pressione, scoprire e trasferire il pollo in una ciotola.
5. Triturare utilizzando due forchette. Aggiungere la salsa e mescolare.
6. Servire sui panini.

Valori nutrizionali: Calorie: 240 Grassi: 4,6 g Proteine: 14 g

Pollo marocchino

Tempo di preparazione: 14 minuti
Tempo di cottura: 16 minuti
Porzione: 6

Ingredienti:
- 6 cosce di pollo
- 2 cucchiai di olio extravergine d'oliva
- 10 baccelli di cardamomo
- 2 cipolle (tritate)
- 2 foglie di alloro
- 1/2 cucchiaino di coriandolo
- 1 cucchiaino di chiodi di garofano
- 1/2 cucchiaino di zenzero macinato
- 1/2 cucchiaino di cumino
- 1/2 cucchiaino di curcuma
- 1/2 cucchiaino di cannella in polvere
- 1 cucchiaino di paprika
- 5 spicchi d'aglio, pelati e tritati
- 2 cucchiai di pasta di pomodoro
- 60 ml di vino bianco
- 240 g di olive verdi
- 60 g di mirtilli rossi secchi
- 1 cucchiaio di succo di limone
- 240 ml di brodo di pollo
- 120 g di prezzemolo, tagliato a dadini

Indicazioni
1. In una ciotola, aggiungere l'alloro, il cardamomo, i chiodi di garofano, il coriandolo, lo zenzero, il cumino, la cannella, la curcuma e la paprika e mescolare.

2. Impostare la pentola a pressione della Friggitrice ad aria Air Fryer e la friggitrice ad aria in modalità Sauté, scaldare l'olio, aggiungere le cosce di pollo e cuocere per 3-5 minuti o finché non diventano leggermente dorate. Rimuovere e mettere da parte.

3. Aggiungere la cipolla, l'aglio e cuocere per 3-5 minuti o finché sono teneri.

4. Aggiungere il vino, il concentrato di pomodoro, la miscela di alloro, il brodo e il pollo. Mescolare, coprire e regolare la modalità Pollame a pressione (breve) e cuocere per 10 minuti.

5 Eliminare la foglia di alloro, il cardamomo e i chiodi di garofano. Aggiungere le olive, i mirtilli rossi, il succo di limone e il prezzemolo e mescolare.

6. Servire

Valori nutrizionali: Calorie: 381 Grassi: 10,2 g Proteine: 23 g

Pollo alla cacciatora

Tempo di preparazione: 11 minuti
Tempo di cottura: 14 minuti
Porzione: 4
Ingredienti:
- 8 cosce di pollo
- 240 g di brodo di pollo
- 120 g di sedano tritato
- 1/4 cucchiaino di peperone rosso
- 1/2 cucchiaino di sale
- 1/2 cucchiaino di pepe nero macinato
- 1 cucchiaino di aglio in polvere
- 110 gr di funghi affettati
- 2 cucchiai di olio d'oliva
- 180 ml d'acqua
- 2 spicchi d'aglio (tritati)
- 1 cipolla tritata
- 2 cubetti di brodo di pollo (sbriciolato)
- 400 gr di pomodori schiacciati
- 1 cucchiaino di origano secco

Indicazioni

1. Lavare il pollo e asciugarlo con carta assorbente.
2. Impostare la pentola a pressione della Friggitrice ad aria Air Fryer in modalità Sauté. Scaldare l'olio, aggiungere il pollo e rosolare per 3-5 minuti per lato. Rimuovere e mettere da parte.
3. Aggiungere le cipolle, il sedano, l'aglio, i funghi e cuocere per 5 minuti o finché non si ammorbidiscono. Incorporare il pollo e gli altri ingredienti tranne i fiocchi di peperoncino. Regolare sulla modalità vapore e cuoci per 10 minuti.
4. Servire e condire con una spruzzata di pepe.

Valori nutrizionali: Calorie: 360 Grassi: 24,9 g Proteine: 25,9 g

Ali di pollo al barbecue al miele

Tempo di preparazione: 11 minuti
Tempo di cottura: 24 minuti
Porzione: 4

Ingredienti:
- 900 gr di ali di pollo
- 180 ml di salsa barbecue al miele
- 1/2 cucchiaino di peperoncino di Cayenna
- Sale e pepe nero macinato, q.b.
- 120 ml di succo di mela
- 2 cucchiaini di paprika
- 1 cucchiaino di peperoncino in pezzi
- 1/2 cucchiaino di basilico essiccato
- 120 ml d'acqua
- 120 g di zucchero di canna

Indicazioni
1. Posizionare le ali di pollo nella pentola a pressione della Friggitrice ad aria Air Fryer e nella friggitrice ad aria; unite tutti gli altri ingredienti e mescolare.
2. Impostare la modalità Pollame a pressione (breve) e cuocere per 10 minuti.
3. Scoprire la pentola.
4. Servire le ali di pollo con la salsa.

Valori nutrizionali: Calorie: 197,5 Grassi: 2,2 g Proteine: 21,8 g

Pollo dolce e piccante

Tempo di preparazione: 21 minuti
Tempo di cottura: 60 minuti
Porzione: 4

Ingredienti:
- 900 gr di cosce di pollo, disossate e senza pelle
- 120 ml di salsa di pesce
- 120 ml di succo di lime
- 2 cucchiaini di coriandolo, a dadini
- 60 ml di olio extravergine di oliva
- 2 cucchiai di nettare di cocco
- 1 cucchiaino di zenzero grattugiato
- 1 cucchiaino di menta fresca, tritata

Indicazioni
1. Mettere le cosce di pollo nella pentola a pressione della Friggitrice ad aria Air Fryer.
2. In una ciotola, mescolare il succo di limone, la salsa di pesce, l'olio d'oliva, il nettare di cocco, lo zenzero, la menta e il coriandolo finché non sono ben amalgamati.
3. Versare sopra il pollo, coprire e impostare la pentola sulla modalità Pollame a pressione (media) e cuocere per 30 minuti.
4. Scoprire la pentola e servire.

Valori nutrizionali: Calorie: 300 Grassi: 5 g Proteine: 32 g

RICETTE DI CARNE ROSSA

Bistecca con Tapenade di Olive

Tempo di preparazione: 11 minuti
Tempo di cottura: 22 minuti
Porzione: 4

Ingredienti:
Per la bistecca
- Bistecca di controfiletto da 500 gr
- 1 cucchiaio di olio d'oliva
- Sale e pepe a piacere

Per la salsa Tapenade
- 120 gr di cipolla rossa, tritata
- 1 spicchio d'aglio, tritato
- 1 peperone verde, tritato
- 1 cucchiaio di prezzemolo fresco tritato
- 2 cucchiai di capperi
- 120 gr di olive Kalamata, snocciolate e affettate
- 2 cucchiai di olio d'oliva
- 3 cucchiai di succo di limone
- Sale e pepe a piacere

Indicazioni
1. Preparare la friggitrice ad aria a 204° C per 5 minuti.
2. Spennellare le bistecche con olio.
3. Condire con sale e pepe.
4. Aggiungere al forno della friggitrice ad aria.
5. Scegliere l'opzione frittura ad aria.
6. Cuocere le bistecche per 5-6 minuti per lato.
7. Mescolare gli ingredienti della tapenade.
8. Servire la bistecca con la tapenade.

Valori nutrizionali: Calorie: 277 Grassi: 14 g Proteine: 23 g.

Insalata di bistecca

Tempo di preparazione: 31 minuti
Tempo di cottura: 60 minuti
Porzione: 4
Ingredienti:
Per la bistecca
- 2 costate di manzo, tagliate a listarelle
- 2 cucchiaini di aglio, tritato
- 60 ml di salsa di soia
- 60 ml di miele
- 60 ml di bourbon
- 60 ml di salsa Worcestershire
- 60 gr di zucchero di canna
- 1/2 cucchiaino di fiocchi di peperone rosso

Per l'insalata
- 960 gr di lattuga romana
- 160 gr di cipolle rosse, affettate
- 1/2 cetriolo, tagliato a dadini
- 240 gr di pomodorini, tagliati a metà
- 1/2 mozzarella, sminuzzata

Indicazioni
1. Aggiungere le bistecche in una ciotola.
2. In un'altra ciotola, mescolare gli ingredienti della bistecca.
3. Versare il composto negli straccetti di bistecca.
4. Lasciar marinare per 1 ora.
5. Preparare la friggitrice ad aria a 204° C per 5 minuti.
6. Selezionare l'opzione frittura ad aria.
7. Cuocere le strisce di bistecca per 5 minuti per lato.
8. Mettere gli ingredienti dell'insalata in una grande ciotola.
9. Completare con gli straccetti di bistecca.

Valori nutrizionali: Calorie: 281 Grassi: 19 g Proteine: 31 g.

Polpette

Tempo di preparazione: 9 minuti
Tempo di cottura: 8 minuti
Porzione: 4

Ingredienti:
- 220 gr di carne macinata
- 120 gr di carne di maiale macinata
- 1 cipolla, tritata
- 2 spicchi d'aglio, tritati
- 2 cucchiaini di basilico essiccato
- 2 cucchiaini di origano essiccato
- 2 cucchiaini di prezzemolo essiccato
- 240 gr di pangrattato
- 1 uovo, sbattuto
- 120 gr di parmigiano
- Sale e pepe a piacere
- Spray da cucina

Indicazioni
1. Unire tutti gli ingredienti
2. Mescolare bene.
3. Formare delle palline dalla miscela.
4. Spruzzare con olio.
5. Aggiungere le polpette al forno della friggitrice ad aria.
6. Scegli l'opzione frittura ad aria.
7. Cuocere a 180° C per 4 minuti per lato.

Valori nutrizionali: Calorie: 251 Grassi: 15 g Proteine: 28 g.

Enchilada di manzo

Tempo di preparazione: 4 minuti
Tempo di cottura: 16 minuti
Porzione: 2

Ingredienti:
- 240 gr di carne macinata magra, cotta
- 2 cucchiaini di condimento per taco
- 60 gr di pomodori, tritati
- 60 gr di fagioli neri
- 60 gr di salsa enchilada
- 2 tortillas

Indicazioni
1. Far insaporire la carne macinata con il condimento per taco.
2. Mescolare con i pomodori e i fagioli neri.
3. Completare le tortillas con la miscela di manzo.
4. Cospargere il formaggio sopra.
5. Arrotolare le tortillas.
6. Mettere nella friggitrice ad aria.
7. Spennellare con la salsa enchilada.
8. Selezionare l'impostazione frittura ad aria.
9. Cuocere a 180° C per 10 minuti su entrambi i lati.

Valori nutrizionali: Calorie: 281 Grassi: 15 g Proteine: 22 g.

Costata di manzo

Tempo di preparazione: 9 minuti
Tempo di cottura: 11 minuti
Porzione: 2

Ingredienti:
- 2 bistecche di costata
- 2 cucchiai di burro, sciolto
- Sale e pepe a piacere

Indicazioni
1. Spennellare le bistecche con burro fuso.
2. Condire con sale e pepe.
3. Preriscaldare il forno della friggitrice ad aria a 204° C.
4. Aggiungere le bistecche al forno della friggitrice ad aria.
5. Impostare per frittura ad aria.
6. Cuocere 5 minuti per lato.

Valori nutrizionali: Calorie: 255 Grassi: 14 g Proteine: 22 g.

Teriyaki di manzo

Tempo di preparazione: 4 minuti
Tempo di cottura: 16 minuti
Porzione: 2

Ingredienti:
- 1 cucchiaio di salsa di soia
- 2 cucchiai di olio d'oliva
- Pepe q.b.
- 450 gr di bistecca di controfiletto, tagliata a listarelle
- 1 cipolla, affettata
- 1 peperone rosso, tagliato a listarelle
- 1 peperone verde, tagliato a listarelle
- 1 peperone giallo, tagliato a listarelle
- 240 ml di salsa teriyaki

Indicazioni
1. Mescolare la salsa di soia, l'olio d'oliva e il pepe in una ciotola.
2. Versare metà del composto in un'altra ciotola.
3. Incorporare gli straccetti di bistecca nella prima ciotola.
4. Aggiungere la cipolla e i peperoni nell'altra ciotola.
5. Prepara la tua friggitrice ad aria a 204° C.
6. Aggiungere la bistecca e le verdure al vassoio della friggitrice ad aria.
7. Selezionare l'impostazione di cottura arrosto.
8. Cuocere per 5-7 minuti.
9. Incorporare la salsa teriyaki.
10. Cuocere per altri 2 minuti.

Valori nutrizionali: Calorie: 258 Grassi: 19 g Proteine: 27 g.

Straccetti alla Newyorkese

Tempo di preparazione: 4 minuti
Tempo di cottura: 16 minuti
Porzione: 2

Ingredienti:
- 2 bistecche
- Sale e pepe
- 2 cucchiai di olio d'oliva
- Burro alle erbe
- 120 gr di burro
- 1 cucchiaino di aglio, tritato
- 1 cucchiaino di succo di limone
- 1 cucchiaio di rosmarino tritato
- 1 cucchiaio di prezzemolo tritato
- 1 cucchiaino di timo, tritato

Indicazioni
1. Unire gli ingredienti del burro alle erbe in una ciotola.
2. Formare un tronco dalla miscela. Avvolgere con plastica.
3. Mettete in frigorifero per 1 ora.
4. Cospargere entrambi i lati delle bistecche con sale e pepe.
5. Prepara la tua friggitrice ad aria a 204° C per 5 minuti.
6. Scegliere l'impostazione per la frittura ad aria.
7. Cuocere le bistecche per 5 minuti per lato.
8. Completare con il resto del burro e farlo sciogliere prima di servire.

Valori nutrizionali: Calorie: 277 Grassi: 14 g Proteine: 30 g.

Bistecca

Tempo di preparazione: 9 minuti
Tempo di cottura: 8 minuti
Porzione: 4

Ingredienti:
- 450 gr di bistecca, tagliata a cubetti
- 1 cucchiaio di olio d'oliva
- 1 cucchiaino di cipolla in polvere
- 1 cucchiaino di aglio in polvere
- 1 cucchiaino di condimento per bistecca Montreal
- 1/2 cucchiaino di pepe di Cayenna
- Sale e pepe a piacere

Indicazioni
1. Selezionare l'impostazione dell'arrosto nel forno della friggitrice ad aria.
2. Preriscalda il forno della friggitrice ad aria a 204° C.
3. Mescolare l'olio d'oliva, la cipolla in polvere, l'aglio in polvere, il condimento per la bistecca, il pepe di Caienna, il sale e il pepe.
4. Strofinare la miscela sulla bistecca.
5. Aggiungere le bistecche al forno della friggitrice ad aria.
6. Cuocere per 5 minuti.
7. Girare e cuocere per altri 3 minuti.

Valori nutrizionali: Calorie: 279 Grassi: 19 g Proteine: 32 g.

Polpettone

Tempo di preparazione: 12 minuti
Tempo di cottura: 16 minuti
Porzione: 6

Ingredienti:
- 2 cucchiai di burro
- 120 gr di cipolle
- 120 gr di peperoni verdi, tritati
- 450 gr di carne di maiale macinata
- 450 gr di carne macinata, magra
- 1 cucchiaio di salsa di soia
- 2 uova sbattute
- 1 cucchiaio di salsa Worcestershire
- 240 gr di pangrattato
- 60 gr di ketchup

Indicazioni
1. Mescolare il burro in una padella a fuoco medio.
2. Soffriggere la cipolla e i peperoni per 2 minuti.
3. Mescolare il resto degli ingredienti insieme alla cipolla cotta e ai peperoni.
4. Mettere il composto in una piccola teglia.
5. Scegliere la funzione cuocere.
6. Cuocere a 180° C per 15 minuti.

Valori nutrizionali: Calorie: 288 Grassi: 21 g Proteine: 34 g.

RICETTE DI MAIALE

Lechon Kawali

Tempo di preparazione: 9 minuti
Tempo di cottura: 30 minuti
Porzione: 4
Ingredienti:
- 454 g di pancetta di maiale, tagliata in tre pezzi spessi
- 6 spicchi d'aglio
- 2 foglie di alloro
- 2 cucchiai di salsa di soia
- 1 cucchiaino di sale kosher
- 1 cucchiaino di pepe nero macinato
- 720 ml di acqua
- Spray da cucina

Indicazioni

1. Mettere tutti gli ingredienti in una pentola a pressione, quindi posizionare il coperchio e cuocere a fuoco alto per 15 minuti.
2. Allentare la pressione e rilasciare l'eventuale pressione residua, trasferire la pancetta tenera su un piano di lavoro pulito. Lasciar raffreddare a temperatura ambiente finché non riesci a maneggiarla.
3. Spruzzare generosamente il cestello per frittura ad aria con uno spray da cucina.
4. Tagliare ogni pezzo in due fette, quindi mettere le fette di maiale nel cestello.
5. Fare clic su Air Fry. Regolare la temperatura a 204° C e impostare il timer a 15 minuti. Selezionare Start / Stop per preriscaldare.
6. Al termine, collocare il cestello in posizione di frittura ad aria.
7. Dopo 7 minuti, rimuovere il cestello dal forno. Capovolgere il maiale. Rimettere il cestello nel forno e continuare la cottura.
8. Quando la cottura è completa, il grasso di maiale dovrebbe essere croccante.
9. Servire subito.

Valori nutrizionali: Calorie: 339 Grassi: 31 g Proteine: 20 g

Cotoletta di lonza di maiale al limone

Tempo di preparazione: 15 minuti
Tempo di cottura: 16 minuti
Porzione: 4

Ingredienti:
- 4 costolette di lonza di maiale disossate sottili
- 2 cucchiai di succo di limone
- 120 gr di farina
- 60 gr di maggiorana
- 1 cucchiaino di sale
- 240 g di pangrattato panko
- 2 uova
- Spicchi di limone, per servire
- Spray da cucina

Indicazioni
1. Su una superficie di lavoro pulita, irrorare le costolette di maiale con il succo di limone su entrambi i lati.
2. Unire la farina con la maggiorana e il sale su un piatto fondo. Versare il pangrattato su un piatto fondo separato. Sbatti le uova in una ciotola capiente.
3. Immergere le costolette di maiale nella farina, quindi immergerle nelle uova sbattute per ricoprire bene. Scuotere via l'eccesso e rotolare sul pangrattato. Disporre le costolette di maiale nel cestello per soffriggere e spruzzarle con dello spray da cucina.
4. Fare clic su Air Fry. Selezionare la temperatura a 204° C, quindi impostare il tempo su 15 minuti. Fare clic su Start / Stop per iniziare il preriscaldamento.
5. Una volta fatto, mettere il cestello in posizione di frittura ad aria.

6. Dopo 7 minuti, rimuovere il cestello dal forno. Capovolgi il maiale. Rimettere il cestello nel forno e continuare la cottura.

7. A cottura ultimata, la carne di maiale dovrebbe essere croccante e dorata.

8. Spremere gli spicchi di limone sulle costolette fritte e servire immediatamente.

Valori nutrizionali: Calorie: 322 Grassi: 31 g Proteine: 20 g

Spiedini di maiale e verdure alla paprika affumicata

Tempo di preparazione: 25 minuti
Tempo di cottura: 16 minuti
Porzione: 4
Ingredienti:
- 454 g di filetto di maiale, tagliato a cubetti
- 1 cucchiaino di paprika affumicata
- Sale e pepe nero macinato, q.b.
- 1 peperone verde, tagliato a pezzi
- 1 zucchina, tagliata a pezzi
- 1 cipolla rossa, affettata
- 1 cucchiaio di origano
- Spray da cucina

Indicazioni

1. Ungere il cestello per frittura ad aria con uno spray da cucina.
2. Mescolare la carne di maiale in una ciotola e condire con la paprika affumicata, il sale e il pepe nero. Infilare alternativamente i cubetti di maiale condito e le verdure sugli spiedini inzuppati. Sistema gli spiedini nel cestello.
3. Fare clic su Air Fry. Regolare la temperatura a 176° C, quindi il timer a 15 minuti. Selezionare Start / Stop per iniziare il preriscaldamento.
4. Una volta fatto, collocare il cestello in posizione di frittura ad aria.
5. Dopo 7 minuti, rimuovere il cestello dal forno. Girare gli spiedini di maiale. Rimettere il cestello nel forno e continuare la cottura.
6. Quando la cottura è completa, il maiale deve essere rosolato e le verdure sono tenere.
7. Trasferire gli spiedini nei piatti di portata e cospargere di origano. Servire caldo.

Valori nutrizionali: Calorie: 338 Grassi: 32 g Proteine: 20 g

Spiedini di maiale, peperone e ananas

Tempo di preparazione: 9 minuti
Tempo di cottura: 12 minuti
Porzione: 4

Ingredienti:
- ¼ di cucchiaino di sale kosher
- 1 filetto di maiale medio (454 g), tagliato a pezzi da 1,23 cm
- 1 peperone rosso e verde tagliato a pezzi da 1,23 cm
- 480 gr di ananas fresco a pezzi
- 200 ml di salsa teriyaki o varietà acquistata in negozio, divisa

Indicazioni
1. Cospargere i cubetti di maiale con il sale.
2. Infilare la carne di maiale, i peperoni e l'ananas su uno spiedino. Ripeti fino a completare tutti gli spiedini. Spennellate generosamente gli spiedini con circa metà della salsa teriyaki. Mettere sulla teglia.
3. Selezionare Arrosto, impostare la temperatura su 190 ° C e impostare il timer su 10 minuti. Selezionare Start / Stop per iniziare il preriscaldamento.
4. Una volta che l'unità si è preriscaldata, posizionare la padella sulla posizione di arrosto.
5. Dopo 6 minuti, tirare fuori la teglia dal forno. Capovolgere gli spiedini e spennellarli con la restante metà della salsa teriyaki. Trasferire la teglia nel forno e continuare la cottura fino a quando le verdure sono tenere e dorate in alcuni punti e il maiale è dorato e cotto.
6. Togliere la padella e servire.

Valori nutrizionali: Calorie: 325 Grassi: 24 g Proteine: 22 g

RICETTE DI PESCE

Gamberetti

Tempo di preparazione: 10 minuti
Tempo di cottura: 1 ora e 30 minuti
Porzione: 4

Ingredienti:
- 450 g di gamberetti crudi, pelati e puliti
- 2 cucchiai di burro
- 2 cucchiai di olio d'oliva
- 120 ml di vino bianco da cucina
- 60 ml di brodo di pollo
- 1 cucchiaio di succo di limone fresco
- 2 cucchiai di prezzemolo fresco, tritato
- 1 cucchiaio di aglio, tritato
- Pepe
- Sale

Indicazioni:
1. Aggiungere il brodo, il succo di limone, il prezzemolo, l'aglio, il burro, l'olio d'oliva, il vino, il pepe e il sale in padella.
2. Aggiungere i gamberetti e mescolare bene e coprire la padella con un coperchio.
3. Inserire la griglia per pizza nella posizione 6.
4. Posizionare la padella sulla griglia della pizza.
5. Selezionare una modalità di cottura lenta. Impostare la temperatura a 107° C e il timer per 1 ora e 30 minuti. Premere Start.
6. Mescolare bene e servire.

Valori nutrizionali: calorie 255 Grassi 14,8 g Proteine 26,4 g

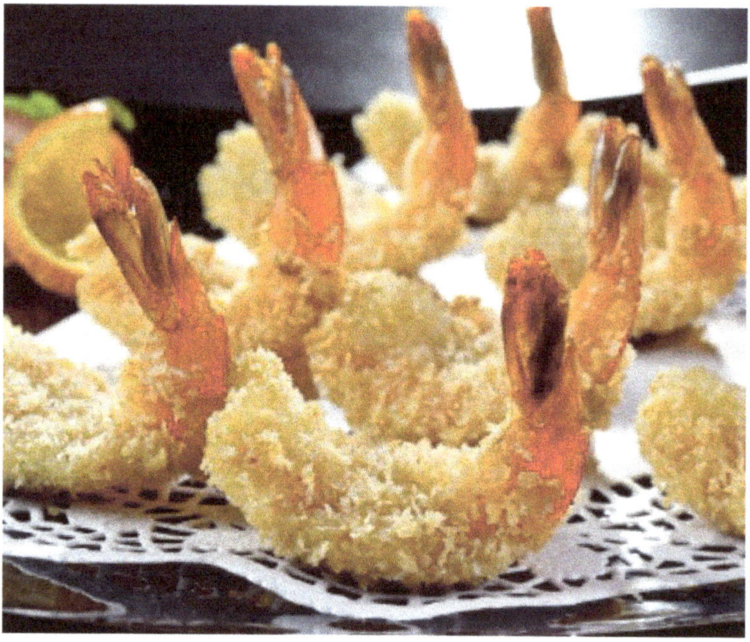

Salmone alle erbe

Tempo di preparazione: 10 minuti
Tempo di cottura: 5 minuti
Porzione: 2

Ingredienti:
- 2 filetti di salmone
- 1 cucchiaino di erbe di Provenza
- 1 cucchiaio di burro, sciolto
- 2 cucchiai di olio d'oliva
- Pepe
- Sale

Indicazioni:
1. Spennellare i filetti di salmone con olio e cospargere con erbe di Provenza, pepe e sale.
2. Mettere i filetti di salmone nella teglia più croccante.
3. Posizionare la leccarda sotto il fondo della friggitrice ad aria.
4. Inserire la teglia nella posizione 4.
5. Selezionare la modalità frittura ad aria. Impostare la temperatura su 200° C e il timer per 5 minuti. Premere Inizio.
6. Versare il burro sul salmone e servire.

Valori nutrizionali: calorie 410 Grassi 31 g Proteine 35,1 g

Torte Di Salmone

Tempo di preparazione: 10 minuti
Tempo di cottura: 7 minuti
Porzione: 2

Ingredienti:
- 226 g filetto di salmone, tritato
- 1 uovo, leggermente sbattuto
- 1/4 cucchiaino di aglio in polvere
- Pepe
- Sale

Indicazioni:
1. Aggiungere tutti gli ingredienti nella ciotola e mescolare fino a quando non sono ben mescolati.
2. Preparare delle polpette con il composto di salmone e metterle in una teglia.
3. Posizionare la leccarda sotto il fondo della friggitrice ad aria.
4. Inserire la teglia nella posizione 4.
5. Selezionare la modalità frittura ad aria. Impostare la temperatura su 200° C e il timer per 7 minuti. Premere start.
6. Servire e gustare.

Valori nutrizionali: calorie 183 Grassi 9,2 g Proteine 24,8 g

Salmone con carote

Tempo di preparazione: 10 minuti
Tempo di cottura: 20 minuti
Porzione: 4

Ingredienti:
- 450 gr di salmone, tagliato in quattro pezzi
- 480 g di carotine
- 2 cucchiai di olio d'oliva
- Sale

Indicazioni:
1. Posizionare i pezzi di salmone al centro della teglia.
2. In una ciotola, mescolare insieme le carotine e l'olio d'oliva.
3. Disporre la carota intorno al salmone.
4. Selezionare la modalità cottura. Imposta la temperatura a 218° C e il timer per 20 minuti. Premi l'inizio.
5. Lasciare preriscaldare la friggitrice ad aria, quindi inserire la griglia per pizza nella posizione 5.
6. Posizionare la teglia sulla griglia per pizza e cuocere.
7. Aggiustare di sale e servire.

Valori nutrizionali: calorie 212 Grassi 14 g Proteine 22 g

RICETTE DI VERDURA E CONTORNI

Zucchine al parmigiano fritte all'aria

Tempo di preparazione: 10 minuti
Tempo di cottura: 30 minuti
Porzioni: 4

Ingredienti:
- 1 cucchiaio di olio d'oliva
- 1 cucchiaio di burro, sciolto
- 1 cucchiaino di succo di limone
- 1 cucchiaino di basilico essiccato
- 1 cucchiaino di prezzemolo essiccato
- 60 g di parmigiano grattugiato
- 1 cucchiaino di condimento italiano
- 1 cucchiaino di scorza di limone
- 2 zucchine, tagliate a rondelle

Indicazioni
1. Unire tutti gli ingredienti in una ciotola.
2. Mescolare le zucchine per ricoprirle uniformemente con la salsa e le erbe.
3. Posizionare la miscela di zucchine sopra un foglio di carta stagnola.
4. Piegare e sigillare.
5. Posizionare il pacchetto di alluminio sul vassoio per frutta e verdura.
6. Impostalo per friggere all'aria.
7. Friggere ad aria a 176° C per 30 minuti.

Valori nutrizionali: Calorie 105 Grassi 7,7 g Proteine 11,5 g

Broccoli Rapino Arrosto

Tempo di preparazione: 10 minuti
Tempo di cottura: 8 minuti
Porzioni: 4

Ingredienti:
- 960 g di broccoli Rapino
- 2 cucchiai di olio d'oliva
- 1 cucchiaio di succo di limone
- 1 cucchiaino di aglio in polvere
- 1 cucchiaio di parmigiano grattugiato
- 1/2 cucchiaino di fiocchi di peperone rosso
- Sale e pepe a piacere

Indicazioni
1. Mescolare i broccoli nell'olio e nel succo di limone.
2. In una ciotola, mescolare gli ingredienti rimanenti.
3. Cospargere il composto su tutto il broccolo rapino.
4. Aggiungere le cime di rapa al forno della friggitrice ad aria.
5. Scegli la funzione di frittura ad aria.
6. Cuocere a 176° C per 5-8 minuti.

Valori nutrizionali: Calorie 109 Grassi 9 g Proteine 9 g

Aglio arrosto

Tempo di preparazione: 7 minuti
Tempo di cottura: 11 minuti
Porzioni: 5

Ingredienti:
- 240 g di spicchi d'aglio, sbucciati
- 3 cucchiai di olio d'oliva
- Sale e pepe a piacere

Indicazioni
1. Condire l'aglio con olio.
2. Condire con sale e pepe.
3. Avvolgere con un foglio.
4. Mettere nel vassoio frutta e verdura.
5. Scegliere l'impostazione per la frittura ad aria.
6. Cuocere a 180° C per 15 minuti.

Valori nutrizionali: Calorie 84 Grassi 7,7 g Proteine 14 g

Cotolette di melanzane

Tempo di preparazione: 10 minuti
Tempo di cottura: 7 minuti
Porzioni: 4-6

Ingredienti:
- 1 melanzana a fette
- Sale q.b.
- 1 uovo, sbattuto
- 60 ml di latte
- 240 g di pangrattato

Indicazioni
1. Cospargere le melanzane con sale.
2. Lasciare riposare per 10 minuti.
3. Girare e cospargere di sale l'altro lato.
4. Aggiungere il pangrattato in una ciotola.
5. Sbattere le uova e il latte in un'altra ciotola.
6. Immergere le melanzane nella miscela di uova.
7. Bagnare con il pangrattato.
8. Aggiungere al vassoio per frutta e verdura.
9. Selezionare l'impostazione frittura ad aria.
10. Cuocere a 160° C per 5 minuti.
11. Girare e cuocere per altri 2 minuti.

Valori nutrizionali: Calorie 147 Grassi 9 g Proteine 14 g

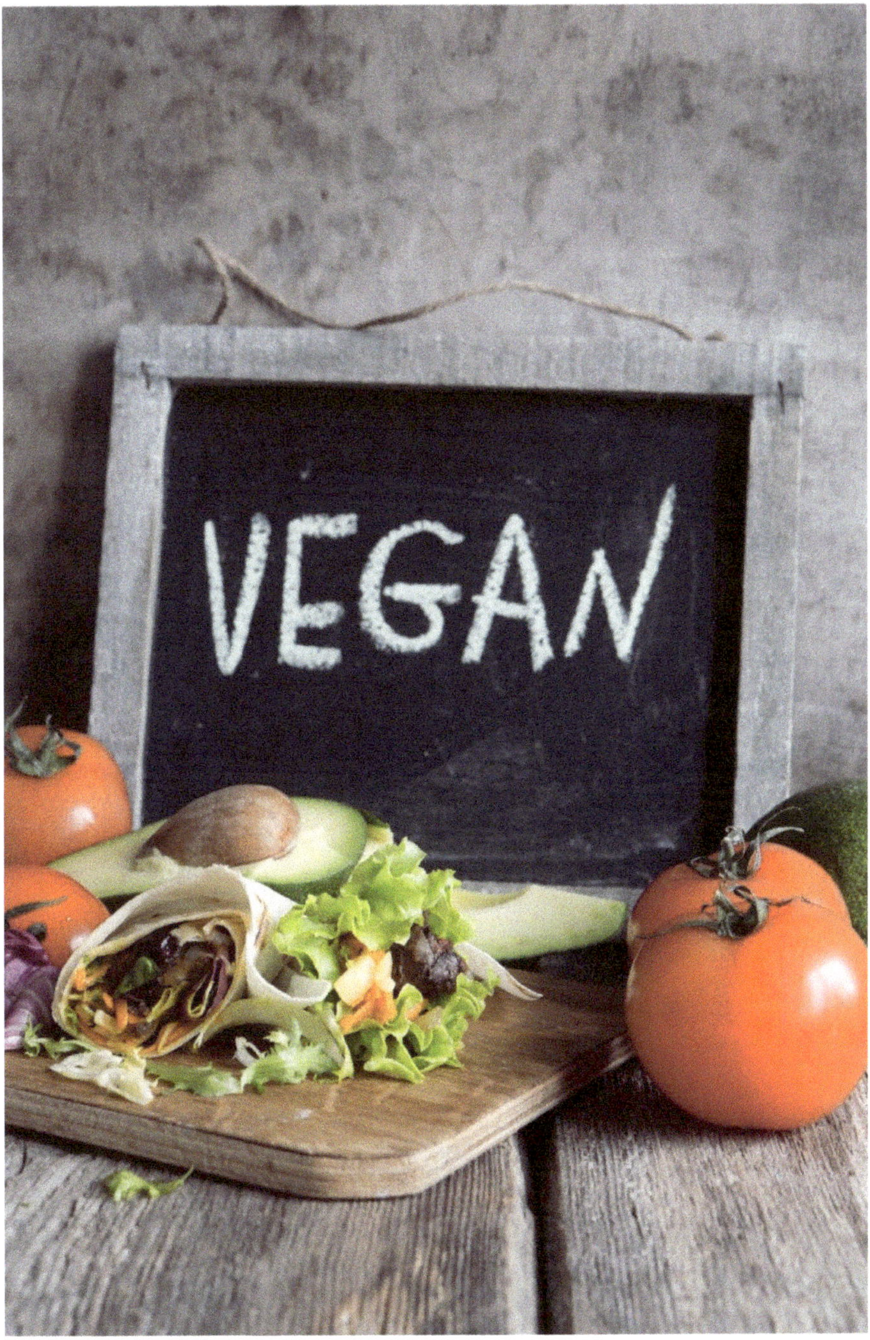
VEGAN

Cera di Fagioli al Limone

Tempo di preparazione: 6 minuti
Tempo di cottura: 14 minuti
Porzione: 3

Ingredienti:
- 907 g di cera di fagioli
- 2 cucchiai di olio extravergine d'oliva
- ½ succo di limone

Indicazioni
1. Preparare una teglia usando un foglio di alluminio.
2. Gettare delle gocce di cera con l'olio d'oliva in una grande ciotola. Cospargere leggermente di sale e pepe.
3. Disporre le gocce di cera sulla teglia.
4. Fare clic su Arrosto, regolare la temperatura a 204° C, impostando il timer a 12 minuti. Premere Start / Stop per iniziare il preriscaldamento.
5. Una volta preriscaldato, collocare la teglia in posizione arrosto.
6. Quando saranno pronte, i fagioli saranno caramellati e teneri. Sfornare su un piatto e servire irrorando con il succo di limone.

Valori nutrizionali: Calorie 211 Grassi 75 g Proteine 82 g

Cavoletti di Bruxelles con pomodori

Tempo di preparazione: 11 minuti
Tempo di cottura: 31 minuti
Porzione: 5

Ingredienti:
- 454 g di cavoletti di Bruxelles
- 1 cucchiaio di olio extravergine d'oliva
- 120 g di pomodori secchi
- 2 cucchiai di succo di limone
- 1 cucchiaino di scorza di limone

Indicazioni

1. Preparare una teglia grande usando un foglio di alluminio.

2. Aggiungere i cavoletti di Bruxelles con l'olio d'oliva. Condire con sale e pepe nero.

3. Disporre i cavoletti di Bruxelles su uno strato sulla teglia.
4. Premere Arrosto, regolare la temperatura a 204° C, e il timer a 20 minuti. Fare clic su Start / Stop per preriscaldare.
5. Una volta riscaldato, collocare la teglia in posizione arrosto.
6. Al termine, i cavoletti di Bruxelles dovrebbero essere caramellati. Sfornare e quindi incorporare i pomodori, il succo Calorie di limone e la scorza di limone. Servire.
Valori nutrizionali: Calorie 117 Grassi 31 g Proteine 48 g

Muesli alle noci pecan con sciroppo d'acero

Tempo di preparazione: 9 minuti
Tempo di cottura: 20 minuti
Porzione: 4

Ingredienti:
- 360 g di fiocchi d'avena
- 60 ml di sciroppo d'acero
- 60 g di noci pecan
- 1 cucchiaino di estratto di vaniglia
- ½ cucchiaino di cannella in polvere

Indicazioni
1. Foderare una teglia con carta da forno.
2. Mescolare l'avena, lo sciroppo d'acero, i pezzi di noci pecan, la vaniglia e la cannella in una grande ciotola e mescolare fino a quando i pezzi di avena e noci pecan sono completamente ricoperti. Distribuire uniformemente il composto sulla teglia.
3. Selezionare Cottura, impostare la temperatura su 150 ° C e impostare il timer su 20 minuti. Selezionare Start / Stop per iniziare il preriscaldamento.
4. Una volta preriscaldato, posizionare la teglia sulla posizione di cottura. Mescolare una volta a metà del tempo di cottura.
5. Al termine, sfornare e lasciare raffreddare per 30 minuti prima di servire. Il muesli potrebbe essere ancora un po' morbido subito dopo averlo rimosso, ma si rassoderà gradualmente man mano che si raffredda.

Valori nutrizionali: Calorie 117 Grassi 7 g Proteine 11 g

Broccoli con salsa

Tempo di preparazione:11 minuti, cottura: 22minuti, Porzione: 4
Ingredienti:
- ½ cucchiaino di olio d'oliva, più una quantità per ungere
- 454 g di broccoli freschi, tagliati a cime
- ½ cucchiaio di aglio tritato
- Sale, q.b.

Per la salsa:
- 1 cucchiaio e mezzo di salsa di soia
- 2 cucchiaini di salsa piccante o sriracha
- 1 cucchiaino e mezzo di miele
- 1 cucchiaino di aceto bianco

Indicazioni
1. Spennellare il cestello per frittura ad aria con olio d'oliva.
2. Mescolare le cime di broccoli, ½ cucchiaino di olio d'oliva e l'aglio in una grande ciotola e mescolare bene. Condire con sale a piacere.
3. Mettere i broccoli nel cestello per frittura ad aria in un unico strato.
4. Selezionare Air Fry, impostare la temperatura su 205° C e il timer su 15 minuti. Selezionare Start / Stop per iniziare il preriscaldamento.
5. Una volta preriscaldato, collocare il cestello per frittura ad aria nella posizione per frittura ad aria. Mescolare le cime di broccoli tre volte durante la cottura.
6. Nel frattempo, mescolare insieme tutti gli ingredienti per la salsa in una piccola ciotola finché non sono ben incorporati. Se il miele non si incorpora bene, cuocere la salsa nel microonde per 10-20 secondi finché il miele non si sarà sciolto.
7. Quando la cottura è completa, i broccoli dovrebbero essere leggermente dorati e croccanti. Continuare la cottura per 5 minuti, se lo si desidera. Sfornare in una ciotola da portata. Versare sopra la salsa e mescolare per amalgamare. Aggiungere altro sale e pepe, se necessario. Servire caldo.

Valori nutrizionali: Calorie 127 Grassi 14 g Proteine 21 g

DOLCI

Brownies al burro di cacao

Tempo di preparazione: 9 minuti
Tempo di cottura: 21 minuti
Porzione: 6

Ingredienti:
- 1 panetto di burro, sciolto
- 240 g di zucchero di canna
- 2 uova
- 180 g di farina per tutti gli usi
- ½ cucchiaino di lievito in polvere
- 60 g di cacao in polvere
- 2 cucchiai di olio di cocco
- 1 cucchiaino di estratto di cocco
- Un pizzico di sale marino

Indicazioni
1. Inizia preriscaldando la friggitrice ad aria a 171° C.
2. Spruzzare i lati e il fondo di una teglia con uno spray da cucina antiaderente.
3. In una terrina, sbattere il burro fuso e lo zucchero fino a renderlo spumoso. Quindi, unire le uova e sbattere di nuovo fino a quando non sono ben mescolate.
4. Dopodiché, aggiungere gli altri ingredienti. Mescolare fino a quando tutto è ben incorporato. Trasferire nella teglia.
5. Posizionare la teglia nella posizione corrispondente nella friggitrice ad aria. Selezionare Cuocere per 20 minuti. Buon appetito!

Valori nutrizionali: Calorie 97 Grassi 7 g Proteine 11 g

Coppe per pancake alla vaniglia

Tempo di preparazione: 9 minuti
Tempo di cottura: 6 minuti
Porzione: 4

Ingredienti:
- 120 g di farina
- 2 uova
- 80 ml di latte di cocco
- 1 cucchiaio di olio di cocco, sciolto
- 1 cucchiaino di pasta di vaniglia
- ¼ di cucchiaino di cannella in polvere
- Un pizzico di cardamomo macinato

Indicazioni
1. Iniziare preriscaldando la friggitrice ad aria a 166° C.
2. Mescolare tutti gli ingredienti fino a ottenere un composto omogeneo.
3. Lasciare riposare la pastella per 20 minuti. Versare la pastella in una teglia per muffin unta. Trasferire nella teglia.
4. Posizionare la teglia nella posizione corrispondente nella friggitrice ad aria. Selezionare Cuocere e cuocere per 4-5 minuti o fino a doratura. Servire con condimenti a scelta.
5. Buon appetito!

Valori nutrizionali: Calorie 114 Grassi 14 g Proteine 25 g

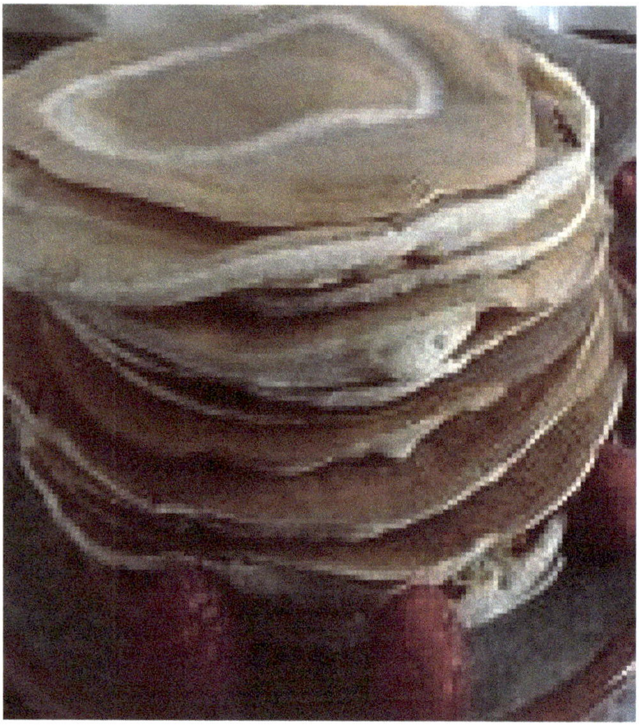

Mele al forno con noci pecan

Tempo di preparazione: 9 minuti
Tempo di cottura: 17 minuti
Porzione: 4

Ingredienti:
- 2 mele medie
- 4 cucchiai di noci pecan tritate
- 4 cucchiai di uva sultanina
- 2 cucchiai di burro, a temperatura ambiente
- ½ cucchiaino di cannella
- ¼ di cucchiaino di noce moscata grattugiata

Indicazioni
1. Inizia preriscaldando la friggitrice ad aria a 171° C.
2. Tagliare le mele a metà e rimuovere un po' di polpa con un cucchiaio.
3. In una terrina, unire accuratamente gli ingredienti rimanenti. Farcire le metà della mela e trasferire nella teglia. Versare 60 ml d'acqua nella padella.
4. Posizionare la teglia nella posizione corrispondente nella friggitrice ad aria. Selezionare Cuoci e cuocere le mele per 17 minuti. Servire a temperatura ambiente. Buon appetito!

Valori nutrizionali: Calorie 106 Grassi 7 g Proteine 17 g

Focaccine al burro di uvetta

Tempo di preparazione: 11 minuti
Tempo di cottura: 16 minuti
Porzione: 5

Ingredienti:
- 240 g di farina per tutti gli usi
- ½ cucchiaino di lievito in polvere
- 120 g di zucchero semolato
- 2 cucchiai di uvetta
- Un pizzico di sale marino grosso
- Un pizzico di noce moscata grattugiata
- 1 cucchiaino di scorza di limone
- 1 cucchiaino di estratto di vaniglia
- 60 ml di burro freddo
- 2 uova sbattute

Indicazioni
1. Inizia preriscaldando la friggitrice ad aria a 182° C
2. Mescolare tutti gli ingredienti fino a quando tutto è ben incorporato. Versare la pastella in pirottini; abbassare le tazze nella teglia.
3. Posizionare la teglia nella posizione corrispondente nella friggitrice ad aria. Seleziona Cuocere e cuocere le focaccine per circa 17 minuti o fino a quando lo stuzzicadenti non esce asciutto e pulito.
4. Buon appetito!

Valori nutrizionali: Calorie 109 Grassi 8 g Proteine 11,5 g

CONCLUSIONE

Conclusione

La frittura è stata a lungo un metodo di cottura fondamentale perché ha prodotto piatti con un guscio esterno croccante e un interno morbido.
 Tuttavia, per molti anni, nutrizionisti e persone attente alla salute hanno visto la frittura come un aspetto negativo a causa della sua alta concentrazione di grassi.
Come tante altre cose che hanno dovuto adattarsi ai nuovi tempi, anche la friggitrice tradizionale si è evoluta verso versioni più economiche ed efficienti.

Mangiare sano è un grande passo verso un corpo e una mente più sani. Ma perché dovremmo prenderci cura del nostro corpo se non vogliamo godercelo? La vita è troppo breve per privarci di cose deliziose. Questo libro di cucina ti ha mostrato come fare proprio questo: avere il meglio di entrambi i mondi, con un'alimentazione sana e pasti gustosi. Oggi ci sono molti tipi di friggitrici tra cui scegliere. Oggi puoi acquistare friggitrici ad aria che non solo cucinano il cibo, ma svolgono anche altre attività come grigliare o cuocere al forno.

Questo libro è progettato per essere il tuo compagno essenziale nel fornire pasti sani con la tua friggitrice ad aria, permettendoti di diventare più di un maestro in cucina.
È una guida completa e dettagliata al 100% che ti mostrerà come creare varietà quando utilizzi la tua friggitrice ad aria. In pochissimo tempo diventerà la tua fonte di ricette.

Le friggitrici ad aria sono perfette per i cuochi impegnati perché usano molto meno olio e meno tempo. Puoi fare qualsiasi cosa, dalle patatine al pesce, alle ali di pollo o alla pizza.

Queste friggitrici ad aria sono anche molto utili quando hai bisogno di grigliare o cuocere il tuo cibo, ma non ti piace usare il forno. Se vuoi acquistare una friggitrice ad aria, questo libro sarà sicuramente una risorsa preziosa per te, in quanto offre consigli su quale tipo di friggitrice ad aria acquistare in base allo spazio che hai in cucina.

Questo libro è progettato per essere il tuo compagno essenziale nel fornire pasti sani con la tua friggitrice ad aria, permettendoti di diventare più di un maestro in cucina. Impara come preparare 50 piatti appetitosi oggi.

Ci sono anche informazioni sui vantaggi e gli svantaggi dell'utilizzo di una friggitrice ad aria.

Quindi, se vuoi cambiare il modo in cui prepari i pasti in cucina o alla griglia, questo libro fa per te.

Thank you!

Lightning Source UK Ltd.
Milton Keynes UK
UKHW020258220621
385907UK00007B/364